月山 구연민 산문시 제8집

호소원 작은 호수에 해오라기 한 마리
虎 嘯 苑

호소원(虎嘯苑) 작은 호수에 해오라기 한 마리

초판인쇄 2026년 1월 15일
초판발행 2026년 1월 15일

지은이 구연민
펴낸이 이해경
펴낸곳 (주)문화앤피플뉴스
등록번호 제2024-000036호
주소 서울 중구 충무로2길 16, 4층 403호 (충무로4가, 동영빌딩)
대표전화 02)3295-3335
팩스 02)3295-3336
이메일 cnpnews@naver.com
홈페이지 www.cnpnews.co.kr

정가 12,000원
ISBN 979-11-94950-19-6 (03810)

※ 이책은 전부 또는 일부 내용을 재사용하려면 반드시 저작권자와 도서출판 문화앤피플의 동의를 받아야 합니다.
※ 이 도서의 국립중앙도서관 출판시도서목록(CIP)은 서지정보유통지원시스템 홈페이지(http://seoji.go.kr)와 국가자료공동목록시스템(http://www.go.kr/kolisnet) 에서 이용하실 수 있습니다.
※ 이 책은 국립중앙도서관 홈페이지에서 검색 가능합니다.
  잘못 만들어진 책은 바꿔드립니다.

月山 구연민 산문시 제8집

호소원 작은 호수에 해오라기 한 마리
虎 嘯 苑

문화앤피플

月山 구연민 시인

작가의 말

호소원虎嘯苑의 노학산방老學産房에서

깊은 산중에 노송의 작은 열매로 수확하기 앞서 바람에 날려 독자생존의 강한 의지를 안고 돌밭에 치어 상한 모습이 누더기처럼 되어도 생명 버리지 못하고 줄기는 튼실하게 남아 있다.

 89년 전 범띠해 춘삼월 달 밝은 보름날 노송의 마지막 열매로 만월의 축복을 받으며 태어나, 기어이 살아남아 튼실한 열매 세 개만 남기고 호소원虎嘯苑에서 날줄과 씨줄을 엮어가며 사랑하는 이웃과 담소를 나누고, 누더기 상처가 밀물에 포장되어 현대판 노학산방老學産房에서 독자생존으로 연명하더이다.

두서없이 엮어보니 산문散文으로 하나씩 채워가며, 그것으로 행복을 만끽하고 졸수의 고개 높은 봉, 미지의 세계를 향하여 느린 걸음으로 지팡이에 힘을 받아 가고 있소이다.

2026. 1. 10. 구연민

차례

1장. 무궁화꽃 인생

유채꽃 향기	12
쑥부쟁이	13
개나리꽃	14
꽃길	15
냉이꽃	16
유채꽃	17
장미꽃 넝쿨	18
백 목련	19
응봉산鷹峯山 개나리 축제	20
억새 축제	21
홍콩 야자	22
자운영紫雲英	23
수국 한 송이	24
봄바람	26
구절초 사랑	27
바위 꽃 하나	28
그리운 우정	29
무궁화꽃 인생	30
포구浦口의 연정戀情	31
The passionate love of the port	32

2장. 남루襤褸한 사랑

허 상	34
The shabby love	35
남루襤褸한 사랑	36
녹슨 칼집	37
김유정 사랑(김유정문학촌에서)	38
참전용사 두 형님	40
작은 소망	41
영혼을 흔드는 것	42
우리 민족인데	43
기도합니다	46
즐거운 이별	47
고독한 별들	48
우리는 하나다	49
항변抗辯의 메아리	50
존재存在	51
우감偶感	52
봄이 오는 소리	53
지워지지 않는 사연	54
러브버그 삶과 죽음	55
바위섬	56

차례

3장. 어머니 동치미

어머니께 드리는 시	58
엄마 생일 밥상	59
고추보다 맵더라 서울 인심	60
경로당 부르스	62
대합실에서 피아노 치는 여인	64
오월이 오면 아버지가 그립습니다	66
우리집 행복	67
어머니	68
아버지의 뒷모습	69
나그네	70
철부지 기도바람	71
어머니 동치미	72
까마귀	74
고향 가는 길	75
아들 기다리는 엄마	76
더 오래 보고 싶었는데	77
시선을 강남으로	78
늦둥이	81
Late-born	82
멈출 줄 모르는 월산 수레	83
또 하나의 그림자	84

4장. 새 희망希望의 아침을

태백산 산자락에서	86
빗속의 추억을	89
봄이 오는 소리 1	90
통도사通度寺 엿보기	91
코로나 병실	94
까치 소리	95
하지夏至계절	96
소박한 가족 사랑	98
새 희망希望의 아침을	99
허수아비 춤	100
하나씩 가고 있다	101
한천 공원의 외로운 의자	102
일편 단심	103
눈이 하나입니다	104
나와 약속	105
손잡고 가시지요	106
양재천 산책길	107
반대는 두 소리요 애국은 한 소리로	108
산정무한山情無限	110
정동진 우정	112

차례

5장. 향수

아침 쌍화차	114
UPF 평화平和 대사관大使館	115
인천공항 대기실	116
옛 만주국 국무원 터에서	117
사상누각砂上樓閣	118
몽돌이라고 말하리라	120
회상回想	121
절규絕叫	122
악몽惡夢 아직도	123
백자 항아리	126
시큼한 킷츠	128
향수鄕愁	129
홍시 밥상	130
hongsi babsang	131
사라진 낙엽 발자국	132
salajin nag-yeob baljagug	133
가슴에 별 하나	134
A star on the chest	135
반세기만의 가슴 아픈 영광	136
시각장애 소녀	137
독감 오는 날	138
춘삼월 보름달	139
HAPI 레스토랑	140
너도 그럴 때가	141
보기도 싫다	142
가까이하면서도 멀리 두고 싶다	143
봄이 오는 소리	144

1장
무궁화꽃 인생

유채꽃 향기

노란 꽃잎이 흐드러지게 핀
들판 위에 햇살이 비추고
바람이 부는 소리에
마음이 설레이는 봄날

유채꽃이 피면 봄이 왔다고
그 향기에 취해 날아가고 싶어요
이 순간을 영원히 간직하고 싶어서
유채꽃이 피는 곳마다 찾아가지요

유채꽃 노란 물결이
들판을 물들이고
그 속에서 작은 행복을 찾아
웃음 지으며 걸어가고 있어요

유채꽃이 피는 봄날은
우리에게 희망의 상징으로
힘든 날들을 이겨내고
새로운 시작을 위해

쑥부쟁이

춘분을 "나이떡 먹는 날"이라 했던가
춘분이 지난 지가 보름인데 햇볕은 따뜻해도
소매 속을 파고드는 겨울 자락은 살아서 꿈틀하네

들나물 맛보자고 대모산 자락 양지바른 언덕에
눈 맞추며 서성거리는 금슬 좋은 금촌 댁 부부
앉은뱅이 닮아 엉금엉금 눈총으로 쑥부쟁이 사냥하며

산수유꽃 노랗게 성을 쌓고 가지마다 새순 머리 틀고
설레는 아가씨 마음 유혹하는 둘레길
노송 따라 숨 고르기 할메 숨소리 잡새들 기절한다

반나절 오르락내리락 눈총 했어도
춘분 지난 봄나물 웅크리고 고개 숙이며
눈곱 비비고 잠자는 쑥부쟁이는 겨울잠 들었네.

개나리꽃

노란 꽃잎이 활짝 핀 개나리 나무가
우뚝 솟아있네요. 봄바람에 흔들리며
춤추는 개나리꽃들 향연이에요

길가에 피어있는 개나리는
봄이 왔음을 알려줘요
환한 미소를 띠며 우리들 반겨주는
개나리는 희망의 상징이에요

개나리 꽃잎이 흩날리면
내 마음도 함께 날아올라요
개나리 향기에 취해
봄날의 행복 느껴봐요

개나리는 봄날 전령으로
따스한 햇볕과 함께
우리들 마음도 활짝 피어나길
개나리처럼 환하게 빛나길 바랍니다

꽃길

아파도 너무나 아파요
사랑은 또 무슨 사랑

꽃길은
또
무슨 꽃길

몰라서 걸어온 그 길
알고는 다시는 안 가요

아파도 너무나 아파요
꽃길은 또 무슨 꽃길

비단옷 꽃길이라도
이제는 다시 사랑 안 해요

냉이꽃

작은 꽃망울이
피어나는
냉이꽃 아름다움

초록빛 풀밭 위에
피어나는
하얀 꽃들이

가난한 이들의
밥 상위에
올려지는 냉이꽃

철이 덜 든
아름다움
모두다
당신께 드립니다.

유채꽃

노란 유채꽃 흐드러지게 피어있어
바람에 흔들리며 춤추는 모습 아름다워
봄의 기운을 가득 담은
행복한 마음.

희망과 활력 넘치는
노란 꽃잎이 햇살을 받아 빛나는 모습
새로운 시작을 다짐해요

유채꽃 향기
마음과 함께
유채꽃 한 아름 안고
행복한 미소로

유채꽃 선물 주고 싶어
밝고 활기찬
그대의 마음 밭에
유채꽃 씨앗 심어 드려요

장미꽃 넝쿨

장미꽃 넝쿨이 울타리를 감싸고
아름다운 장미꽃 만개하여
벌 나비 찾아든다

 아름다운 사랑의 정열
붉은 꽃잎이 햇살을 받아 빛나는 모습
엄마처럼 사랑과 아름다움을 주어요

장미꽃 피어있을 때는 사랑으로
마음도 함께 숨을 쉬면서
그녀의 행복한 미소 안아 주어요

장미꽃은 당신의 선물
장미꽃처럼 화사한 얼굴에
아름다운 마음 만들어요. 장미꽃 마음.

백 목련

겨울 꼬리 옷소매 파고드는데
하얀 소복 여인처럼 다가와
애잔한 달밤

잎도 없이 만개한 백목련
보기도 마음 아파
닫으려 하는 방문

고개 들고 한발 두발 다가서니
힘없이 흐르는 눈물
가슴팍에 고인다

소복한 여인의 뒷모습
철부지 시절에 본
엄마 닮았네

응봉산鷹峯山 개나리 축제

봄의 아름다움을 만끽할 수 있는
한강 변 응봉산 개나리 축제로
꼬불꼬불 계단 따라 오르고 또 오르면 팔각정이 반겨주네
산길을 따라 피어나는 황금빛 개나리꽃은 마치 물감을 담은 듯
온통 황금물결이
산속을 가득 채운 개나리꽃 동산

봄바람과 함께 춤추는 향기를
자연 속에서 평화로움과 아름다움을 느낄 수 있어,
엄마 손 아빠 손 잡고 사생대회 성화로
많은 이들이 함께 특별한 순간을 만들어가요.
응봉산 개나리 축제를

억새 축제

서울에서 열리는 가을 축제 중 하나
억새 축제는 하늘 공원에서
억새꽃이 만발하는 10월
억새밭에서 산책하며,
다양한 문화 행사와 공연도
억새 축제는 밤까지 이어지며,
야간 조명으로 억새꽃 빛나는 모습 매우 아름다워
 많은 사람 즐겨 찾는 억새밭에
사랑하는 임과 사랑 추억을 그려요

홍콩 야자

생명력 강하고, 관리가 쉬운 편
식집사 입문 분들에게 드리는
키우기 쉬운 식물 홍콩야자

반음지 반양지에서도 잘 자라고
실내에서도 잘 자라는 홍콩야자

꽃말은 행운과 함께하는 사랑으로
집들이 선물로 인기 있으며
공기 정화 식물로도 유명하고,
새집증후군 예방에 좋아요

수명을 다한 가지나 잎은 제거하면서
가지치기로 수형을 만들어주며
삽목도 가능한 식물로 가지치기한 가지를
따로 수경재배를 통해 번식
소소한 흥미를 만끽할 수 있어요

멀리서 잎의 모양을 보고 있자면
우산을 연상시키도 해서
우산 나무라고 불리며
수형은 랜덤random이라고

자운영紫雲英

저녁 무렵 대지 위에 던져진 석양빛도 아니요
흙에 염색한 것도 아니다.
꽃송이를 쫘악 접쳐 깐듯한 어여쁜 꽃
봄이면 들에 피는 가련한 꽃
봄 향기 감도는 대지의 왕자王者

연화초蓮花草·홍화채紅花菜
쇄미제碎米濟·야화생野花生이라고
달걀을 거꾸로 세운 듯한 모양
타원형이고 끝이 둥글거나 파진
잎자루는 길며 턱잎은 달걀 모양이고 끝이 뾰족하다.

어린 순은 나물로 하고,
풀 전체를 해열·해독·종기·이뇨에 약용한다.
뿌리에 뿌리혹박테리아가 붙어서 공중 질소를 고정시키며
중요한 밀원식물로 꽃을 피우다
쌍떡잎식물 장미목 콩과의 두해살이풀로
남쪽에서 녹비綠肥로 그 몫을 다한다.

수국 한 송이

휘파람새 "호오 호오"
꽃을 따라 춤추는 나비
바람이 불어도
바람을 잊고
길을 걷고 있지만 길을 잃는다
그리고 나도 잊는다
콸콸 흐르는 물소리
못 듣고 못 볼 것만 같다
끊어질 듯 아픈 허리
찌릿찌릿한 발바닥
콕콕 쑤시는 팔목
산자락을 휘덮은 수국

연분홍 진분홍 연보라 진보라 하얀 꽃
몸도 마음도 수국 속에 파묻혀
녹나무 후박나무 아왜나무 아래
연못 왜가리 청둥오리 쌍쌍 지어 노닐고
잠시 걸음 멈추니 무아몽無我夢 이로다
처음 보고 느낀 수국의 색상이
물심일여物心一如 하며 황홀恍惚하고 현요眩耀하다

지난해 그대와 동행한 수국공원

무념무상無念無想 경지가 옆구리를 치고 가네

수많은 꽃이 서로 의지하여

하나의 큰 꽃송이를 이루는 후덕한 모습은

당신과 나의 영원한 모습 일세다

봄바람

춘삼월 봄바람 소매 속을 파고드네
나목으로 가득 찬 탄천 공원
밀차 밀고 나온 꼬부랑 할머니
누우면 죽는다 하니 더 살고파
벙거지 모자로 귀 덥고
입마개로 얼굴 가리고
한발 두발 아기 발로
날리는 낙엽을 밟으며
그래도 세 바퀴 돌아온다 하시네
제발 바람아 그쳐다오
봄꽃을 보고 싶으니
참았다가 여름 한 철에 소나기 바람 주려무나

구절초 사랑

산과 들 그리고 어디에도
쉬 보이는 깨끗하고 순수한 모습
어머니의 사랑과 우아한 자태

하얀 모시 한복으로 국화 닮은 당신
가을이 오는 날 기다렸다는 당신
호소원 가는 길섶에 향기

 손님 발을 멈추게 하며
마음 약한 사내 마음 흔들어 놓고
9월 9일에는 천근만근 심령이
깊고 깊어 그 이름을 잊을세라
구월초라 했단다

바위 꽃 하나

넓은 대지 그리고 산과 들 피하고
유배 행차 배랑에 민들레 씨앗 하나
주인 허락 없이 붙어 힘없이 동행했다
하늘은 구름 치마로 해를 가리고
고깃배는 눈길도 안 주고 지나간다

황새, 두루미 떼 지어 자리하니
짠 물 마시며 비바람 피하지 못한 처량한 모습
지친 해송은 허리 펴 볼 날을 이 젖다
한겨울 지나고 봄날 가까우니 기쁜 날이 보인다
유배 중에 꽃 한 송이 보는 마음
사랑하는 여인을 생각처럼 하루에도
수없이 다가와 외로운 나의 꽃 민들레에게
사랑 주고 글 도주며 너와 나는 같은 신세라
서로 위로하며 욕심 모르는 너와 나는 천생연분이로다

그리운 우정

폭염과 폭우로 괴로움 주더니
매미는 소리도 제대로 못 내며 살다 가고
풀벌레 소리만 요란하다

오곡백과 튼실한 계절이라
너도나도 풍성한 마음으로
주고받는 선물이 우정을 다짐한다

무궁화꽃 인생

텃밭을 휘젓고 뻗어가는
호박넝쿨 같은 생활력
오늘도 샛별보다 먼저 일어나
동행자의 옷깃 놓칠세라
지하철 환승하며
더듬더듬 서둘러 안마센터에 온다

찬란한 태양을 외면하고
두 손에 성령의 은혜를 담아
기약 없는 황금빛 손길로
콩나물시루에 물 주듯
시든 가지에 생기를 더한다

지칠 줄 모르고 달리는 삶
오직 영혼만을 앞세워
길이요 진리이며 생명을 주신
오직 주 하나님뿐이라고

포구浦口의 연정戀情

만목蔓木*줄기 두 손으로 움켜잡고
개구리 숨으로 할딱거리며
이제나저제나 오실까 그 님 기다린다.
무적霧笛*이 울릴 때면 말없이 왔던 그 님
오늘은 억수 같은 비가 먼저 오는데
무적은 언제쯤 그 님을 보내 줄는지

올 적마다 말수는 적고
얼굴엔 웃음도 없는 돌부처 사촌으로
정을 모르는 듯해도 사랑은 깊어 기다림이 세월을 잊는다.

*만목蔓木:칡같이 넝쿨이 발달한 나무
*무적霧笛:바다에 안개가 끼었을 때 등대나 배가 울리는 고동

The passionate love of the port

I grab the trunk of a liana* with both hands
And I squeeze with the frog's breath
And wait for the love impatiently.
The man who came silent whenever the foghorn* sounded
Today, it rains cats and dogs,
But when will it send her?

Every time he comes, there is little talk
And a stone Budda with no smile on his face.
Though he does not know sentiment, love is deep and wait makes the years forget.

※A liana: a tree with a vine development
A fog-horn or a fog siren: Lighthouses or thundering boats when mists hit the sea

2장
남루襤褸한 사랑

허 상

가슴을 멍들게
사랑만 이삭으로 남겨놓고
그림자도 없이
서쪽 하늘 동산으로
돌고 돌아가 버린 당신
혹시나
눈 익은 모습 찾을까?

폭 삭은 빈 가슴에
좋아하는 물감으로
봄비에 새싹처럼
돋아날 기대 하고
별 하나 그려본다

The shabby love

In those days when he became a slave to vanity and bravado
I planted a love deep in his heart
And my longing heart
Counting one by one
On a crescent
is going to float a wooden vessel of remorse in the Milky Way.

The breath hidden in longing is as wild as the sound of the siren
I feel the calm white waves,
the sky and the horizon far off

I planted a love deep in his heart
And, with tears hidden,
The back of the love that walks idly is not erased.

In the soul of a shabby love,
A drop of sorrowful black tear
Falls into a cold star.

남루襤褸한 사랑

허영虛榮과 허세虛勢의 노예奴隸가 되었던 그 시절
사랑하나 마음 깊은 곳에 심어 놓고
그리움이 얼비친 마음
한 올 한 올 세며
초승달에 실려
은하수에 회한悔恨의 목선木船을 띄우고 간다

그리움에 숨긴 호흡은 거칠어진 고동 소리
잔잔한 하얀 파도와
하늘과 수평선을 아스라이 느껴본다

마음 깊은 곳에 사랑 하나 심어 놓고
눈물을 감추고
하늘하늘 걸어가는 그 사랑의 뒷모습이 지워지지 않는다

남루한 사랑의 영혼靈魂에
애잔한 검은 눈물 한 덩이
차가운 별 되어 떨어진다

녹슨 칼집

충신 한 분의 업적이 이어주는 명성
험한 세월 지켜준 충신의 유적
빈 배랑 등에 져도
맹물 마시며 큰기침으로 존재 알림은
대대로 이어진 악습 중 악습이로다

힘 빠진 손에 녹슨 칼을 들고
외쳐봐도 빈 메아리뿐
군졸은 마실 물조차 없는데
군졸 생산에 주야를 잊은 군주
빈 솥에 물 채워 불 피우니
굴뚝에서 하얀 연기 하늘을 뒤 덮으니
군졸들 성 밖에서 구걸로 배 채운다

김유정 사랑(김유정문학촌에서)

여기 실레마을
삭풍에 겨자씨 하나
싹을 키우고
시들거리다
"벌거숭이 알몸으로 가시밭에 둥그러져
그 님 한 번 보고 지고"
사모곡思母曲 외치며
사랑병에 골병들었다

지주地主와 마름*
그리고 작인作人의 이농離農과 비농非農의
현실 속에서
강점기 농촌의 빈궁과 비참한 생활상을
육담어肉談語와 비어卑語로
한 장르를 남겨 두었다

폐 질환을 막지 못한 채 29세에 요절天折한다
쓸쓸하고 짧았던 삶을
30여 편의 풍요로운 유작遺作이
후세들의 속마음 파고든다
김유정 사랑 아련하다
김유정의 사랑 오래오래 기억하리라

*마름=소작인의 토지관리자
*2018.6.30.상동도서관 주최 백일장에서 최우수상을 수상함

참전용사 두 형님

당신의 헌신과 희생에 감사드립니다.
당신의 용기와 강인함은 우리를 지켜주었습니다.
당신의 헌신적인 애국으로 우리는 평화롭게 살 수 있습니다.

당신은 우리 모두의 영웅입니다.
당신의 희생은 언제나 기억될 것입니다.
당신의 용기와 강인함은 언제나 빛으로
당신의 헌신은 언제나 기억될 것입니다.

참전용사 두 형님,
우리 가문의 영광으로 자랑스럽습니다.
당신의 희생은 결코 헛되지 않았습니다.
당신의 헌신적인 충정으로 우리는 평화롭게 살 수 있습니다.
당신의 희생은 오래 기억될 것입니다.

감사합니다.
존경합니다.
그리고 영원히 기억하겠습니다.

작은 소망

흐드러지게 가득 피어있는 마당 가 꽃밭
계절 따라 피고 지고
볼 때마다 새로워 보이는 당신의 모습
애정과 용기를 품고 다가오는
당신이어라
어쩌다
당신이 없는 날 정원의 꽃들은
시들어 보이고
찾아든 나비마저 안 보이며
꽃향기마저 멀리 퍼져
길을 잃고
그리움에 굶주린 영혼
남루한 수의를 걸치게 하네
오시는 길이 어두운 밤 길이면
해님 잡아 두고 기다리겠어요

영혼을 흔드는 것

사랑의 유혹을 향해 달려갑니다.
별들만이 지켜보는
산 짐승들 놀이터
ㄹ자형 오름길로
之 형 내리막길 따라
무아지경으로 갑니다.

이 순간 신의 은총을 외면해도
즐겁고 행복감뿐이라며

오직 사랑 하나로
영과 육이 노예가 된다 해도
그 사랑은 영원히
고인돌 되리다.

우리 민족인데

유람선은 웃고 울며 소리치며 눈물 흐른다

5월 20일경이면 모내기가 거의 다 마칠 시기라 비가 오면 천지신명의 은덕이라며 너도나도 눈코 뜰 새가 없다.
장춘長春 공항 도착하여 관광버스로 단동을 향해서 6시간 동안 달리기해야 한단다
고속도로 통행료가 엄청 비싸서 차들이 없는데 내가 탄 차는 빠른 편이지만
100km를 초과하면 규정 위반으로 벌금을 내야 한단다.

푸른 강물이 소리 없이 넓은 바다로 흐르고 또 흐른다
압록강은 백두산에서 발원하여 신의주와 중국 단동 사이에 흐르는 790km의 강으로,
당나라 시대의 시인인 이백의 "양양가"중
"요간한수압두룩遙看漢水鴨頭綠, 멀리 보이는 한 수는 오리의 머리처럼 푸르다"
라고 해서 압록강이라고 부른다는 이야기다
예정대로 유람선을 타고 압록강을 상하로 왕래하는 이국적인 감정으로 주변 자연환경을 독차지했다.
높지 않은 산을 중부 능선까지 푸른 숲 옷을 벗기고, 살갗

을 보이듯 황톳빛으로 태양 아래 더욱 강한 몸살이다
북한 땅이 분명하다. 북한 여성들이 여기저기 밭을 화전민처럼 일구고 있다
우리는 같은 민족으로 유람선을 탄 사람과 화전민처럼 일하는 사람이 서로 다른 위치에서 다른 감정으로 마주 보고 있는 현실에서 사람의 인권을 가지고 숨 쉬고 말하며 사는데--

우리에게는 뜨거운 피가 힘차게 흐르고 있다
가슴이 답답해 눈에서 눈물이 고인다.
가끔 자전거를 타고 가는 일명 군인도, 오토바이 타고 지나는 군인도 걸어서 지나는 사람도 보인다
모두가 감시당하고 있는 가축 신세인지라
따뜻한 대화는 한마디도 못 했지만 무언의 민족혼은 이심전심이로다

강물은 유람선을 어쩌지 못하고 되돌아가자 한다.
그것도 잠시
이별 인사도 못 하고 멀어져 가는 남과 북의 현실이다.
같은 말을 하고 같은 동족으로 찾아보기 드문 사연은 힘든 비극으로 상반된 이념을 추종하는 비극의 참상을 현장에서 보고 있으니 어느 누가 해결의 능력자인가 민족의 비극이다

어느 땐가는 유람선을 같이 타고, 고향 이야기 나누며 형님 아우라 하며 친교를 가지면서
위대한 민족의 정기를 젊은 세대에게 유산처럼 남기면, 그들이 자유민주주의 국가를 이룩하여 오천 년의 위대한 역사의 깃발을 세계만방에 드높이 세우리라고 기원하노라.

기도합니다

부자마을 성당에서는 물질이 풍부하여
예수님의 은혜라 하며 미사 참여를 권장한다

가난이 마음을 웅크리고 예배당을 찾은 빈손,
작은 헌금으로 아멘 반복할 뿐
안개 속을 달리는 열차는 가난한 예수마을로 가고 있다

길 잃고 주인 찾는 처량한 강아지 모습이지만
십자가 나무통에 매달린 예수님 보고 눈물이 나요
그리고 기도합니다.
세상의 유혹과 죄악으로부터 구별된 삶을 살기 위하여
모든 영광이 하나님께만 있기를 바라는 바입니다.
우리를 시험에 들게 하지 마시옵고 다만 악에서 구하옵소서
나라와 권세와 영광이 아버지께 영원히 있사옵나이다.
아멘.

즐거운 이별

널 사랑하고 싶어
보고 싶어도 볼 수 없는 영혼 속에서
잊어야만 하는 그 순간
널 사랑하고 싶어
말 못 하던 사람아
가고 나면 후회할걸
흔적 없는 거리
언제나
종이 한 장으로 끝내는 인생
사망신고
사랑받고 살았다.
즐겁게 널 보낸다
좋은 사람 만나서 살아 보고
나중에 나에게 돌아와 줘
기다릴게 -

고독한 별들

하얀 세상에 홀로 서서
호랑나비처럼 나라와
시든 장미 가지에 하얀 꽃피운다
정든 님 가신 날
그대가 같이 오는 것인가

소리 없이 가시더니
하얀 눈으로 소리 없이 쌓이네
별도 달도 없는 밤
하얀 하늘 가득 채우고
그리움도 쌓이네
우수수 떨어진 별들

우리는 하나다

아비가 자식을 자식이 아비를
우파가 우파를 좌파가 좌파를 쳤을 때
기다란 비명이 메아리 되어 산천을 흔든다

내리 찍힌 거대한 나목이 새잎 돋기도 전에
흔들리는 소리 강 건너 태산 넘어 진동하니
5일 장날 풍악 놀이로 귀를 모아 박수 친다

너의 심장과 나의 심장은 따로지만
산불 나면 같이 끄고 저수지 범람도 같이 막으며
우리 마을 형제자매 손잡고 강강술래 즐겁게 놀이한다

항변抗辯의 메아리

방방곡곡에서 대한독립 만세
함성이 하늘 높이 열기를 타고
메아리 되어 가슴을 두들긴다

오늘 옛 서대문 형무소에서
99주 년 3·1절 행사를 맞았다
일제강점기를 규탄하는 울분이
아직도 그 잔해가 속속들이
우리 민족의 가슴을 쓰리게 하고 있다

일제강점기에서 독립만이
우리의 살길이라고 태극기 만들어
손에 손에 들고 남녀노소가 외치던
그날 아직도 가슴 설레고 독립만세를
또 외친다
한국의 뿌리는 임시정부라고

한반도를 평화로 경제공동체로 이루자고 제안한다
이제는 우리가 독립된 자유민주국가를 세계만방에 고하노라

존재存在

인생을 살다 보면
내게 만만한 친구는 하나도 없다
언제나 벅차고 힘들다
친하게 지내기도 어렵고 절교하기도 버겁다

사랑도 마찬가지
만만한 사랑은 어디에도 없다
다른 사람도 그럴까?
생각이 떠나지 않는다
사랑 구하기도 어렵고 포기하기도 힘들다

사랑은 망망한 바다 같은 것
명예 회복하고 사랑한다는 것
등대 불빛 같은 것
앤 설리번(Anne Sulliven)의 개인 교육지도 방법으로
나머지 여정旅程에 밝은색 칠을 하자고 하자

우감偶感

몸은 노송이요
마음은 오뉴월의 참새이며
30대 청춘으로 머물 거리지만
세월이 멈추지 않고
인간의 모습은 쉴 새 없이
나이테로 변한다.
말이 없는 청산은
천년만년 변할 줄 모르는데
100년을 못 채우고 이별하는 인간은
불가항력으로 물욕은 하나씩 버리고
이웃 사랑 탑을 하나씩 세우면서 천지신명께
두 손 합장 기도로 일상을 보내시구료-

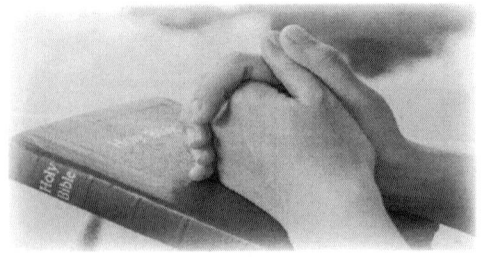

봄이 오는 소리

마파람 살랑살랑
메마른 가지에
뽀얀 새싹 움트는 소리

언 땅 사르르 녹이고
보리밭 들녘에
아지랑이 피어오르는 소리

어린 남매 눈빛 초롱초롱
딱지치기로
골목 터지는 깔깔 소리

나라 지키려고 떠난 오라비
언제 올까 손꼽아 세며
한숨으로 흐르는 눈물 소리

지워지지 않는 사연

지우려고 노력해 봐도 지워지지 않고
마음 깊은 곳에 지니고 있는
아픈 기억들
소중히 여겼던 사람이
이유 없이 배신하고
관계의 정을 누리지 못하니
언젠가는 후회와 번민으로
아까운 삶을 어이 하리오

An unforgettable story

No matter how hard I try to erase them,
they won't go away—painful memories that I hold deep in my heart.
A cherished person betrays without reason,
and since the warmth of the relationship is not enjoyed,
someday, with regret and anguish,
what will we do with the precious life wasted?

러브버그 삶과 죽음

타의로 태어나
목숨 하나 은총으로 성인 되어
철든 삶을 추구하며
반복되는 생활의 유적은-
삶을 마치면서

새끼 번식의 의무로
교미로 하늘을 날며
이슬과 꽃꿀로 연명하며
어류와 새의 먹이 되고
300개의 알을 낳고
어미는 먼저 죽어가면 따라 죽어가는 수놈
해충이 아닌 효충인 Love bug는 행복한 삶이다
러브버그의 DNA가 전염이 된다면 -

바위섬

하늘과 바다의 경계선이 지워진 화판에
입춘 아침 태양이 해무를 녹여
바위섬 해송 가지에 이슬이 방울방울 걸렸다

정 주고 떠난 님 찾아온 한양 아가씨
썰물이 오는 시간 기다리며
허기진 갈매기 벗 삼아 망부석으로

사시사철 너울성 파도가 밀물과 썰물로
씻기고 할퀴며 지친 모습이
달빛 아래 외로운 등대로 도도하여라

밀물 가고 썰물 오는 날
할머니 손잡고 영숙이 오는 날
외롭지 않은 육지가 되어 행복하여라

3장
어머니 동치미

어머니께 드리는 시

어머니,
당신은 나의 사랑, 나의 기둥,
당신은 나의 힘, 나의 위안입니다.
당신의 따뜻한 품 안에서
 언제나 안식을 찾습니다.

당신의 사랑은 끝이 없고,
당신의 헌신은 마름이 없습니다.
당신은 나의 모든 것이며,
나의 그림자처럼 같이 계십니다

어머니, 감사합니다.
당신의 사랑에 감사드립니다.
당신의 헌신에 감사드립니다.
어머니의 사랑은 저의 생명입니다.

사랑합니다,
당신의 아들

엄마 생일 밥상

연년생으로 태어난 2녀 1남
막내는 등에 업고
둘째는 자전거 뒤에 태우고
첫째는 앞자리에 안고
새벽 찬기로 요기하며
십리 길 달려가면
포장마차가 기다린다

불피우고 요리해서 장사 준비하는 시간
철부지들 천막 방에 엎드려 글공부하네
어묵 국물에 국수 말아 주면 쉽게 배 채우고
엄마도 같이 먹자며 큰딸이 엄마 입에 어묵 넣어 준다

30년이 지나 두 딸 집에 막내아들 차 타고 가는 날
손자들 용돈 챙기며 옷 단장하는 마음
그래도 먼저 가신 서방님 생각에 마음은 무겁네
잘 자라준 자식들 모두가 당신 덕이라오.
큰딸 집에 모인 1남 2녀는 큰절하고 엄마 생일 밥상 차린다

고추보다 맵더라 서울 인심

용골댁! 여기서 뭐 하노
마루에 호빵 못 봤나?
왜 말이 없나-

놀란 용골댁 돌 지난 아기 등에 업고
입은 언어장애우요 눈은 시각장애인처럼
비 맞은 돌부처 모양일세

버선발로 사랑 따라
서울 온 산골 아가씨
가난 중에 엄마 되고

산동래 판자촌 신혼살림
쌀독은 빈독이라
물배로 허기 달래고
목구멍이 포도청이라 했던가
보이는 호빵 하나 입이 앞서서
단숨에 배 채웠네

등에 업인 아이 유치장 아나 봐
유난한 울음소리
쥐덫에 갇힌 모자 꼴일세

말로만 들었던 서울 인심
눈 감으면 코 베어 간다더니
무섭고 무서워라 서울이여

마산 할매 하는 말 ! 내가 먹었슈
말이라도 할것인디
입이 굳어서 눈만 껌뻑 그렸군

시골집에 가면 머루랑 다래도
너도 먹고 나도 실컷 먹는데
그리운 고향이 임보다 먼저네

가난한 신혼이 고추보다 맵고
서울 인심은 산 넘어 어름 골
서방님 지갑은 동전뿐이네

귀엽게 커가는 아들은
질 믹이고 잘 가르쳐
가난한 백성 배 채워주는 나라

가난이 웬수라고 핑계하는
골목길 인심 풀고
이웃집 모여 나누고 웃으며 사는 나라를.

경로당 블루스

경로당에 모여든 어르신들,
바쁜 일상을 잠시 내려놓고 함께하는 시간.
한 손에는 찻잔을, 한 손에는 이야기를 들고,
마음속에는 풍성한 추억을 안고 모여든다.

한 명씩 나오면서 펼쳐지는 이야기,
얼마나 많은 이야기가 그분들의 삶에 담겨 있을까?
고단한 세월을 견뎌내며 흐르는 강물처럼,
그분들 지혜와 사랑으로 가득 찬 인생의 여정을 걸어왔다.

함께하는 시간은 달콤한 차 한잔처럼,
각자의 삶을 나누고 서로를 이해한다.
한숨과 웃음이 함께하는 이 순간,
그들은 서로를 위로하고 활력을 불어넣는다.

경로당은 그들의 두 번째 집이고,
그곳에서 만나는 이들은 가족이 되어준다.
마음을 여는 문은 언제나 환영과 따뜻함으로 열려 있고,
그들은 한결같이 서로를 사랑하고 이해한다.

경로당 블루스는 사랑과 따스함이 넘치는 곳,
그곳에서 만나는 이들은 영원한 친구가 된다.
추억과 이야기가 넘치는 이곳에서,
그분들 행복하고 의미 있는 인생을 산다.

대합실에서 피아노 치는 여인

그녀는 열린 공간
피아노 앞에 앉아
건반을 누르며
아름다운 음악을
만들어냅니다.

그녀의 손가락은
우아하게 움직이며
피아노 건반 위에서
춤을 추고,
음악은 그녀의
마음을 담아
공간 가득
울려 퍼집니다.

그녀의 연주는
사람들의 마음을
감동시키고
위로해줍니다.

GTX 대합실에서
피아노 치는 여인의 모습은
한 폭의 그림처럼
아름답습니다.

그녀의 연주는
자유롭고 화려하며,
청중들을 매료시키고
피아노 치는 여인은
열린공간의 주인공이 되어
기차를 기다리는 여행객들에게
기쁨과 감동을 선사합니다.

오월이 오면 아버지가 그립습니다

따스한 햇볕이 머금은 날에
아버지의 웃음이 떠올라요
언제나 따뜻한 아버지의 손길
내 마음을 안아준 아버지의 품

언제나 옳은 길을 가르쳐주신
지혜롭고 고운 아버지의 말씀
그리움은 오월의 햇살처럼
내 마음을 따스하게 감싸네요

새벽부터 논밭에서
금년 농사 다짐하며
오로지 자식 위한 집념으로
해지는 줄 모르고
하루 일과를 다하신다

우리 집 행복

호미로 파고 손으로 뜯으며
밭고랑 만들어
콩 심고 팥 심으니
눈 오는 날
콩밥 팥죽 씨름판이다

쟁기질 논배미
못줄 띠어 모 심으니
허수아비 새때 지켜주어
엄동에 흰 쌀밥 넉넉하다

함박눈 장독에 이불 덥고
영숙이 집도 멀어진 밤에
고구마 구워 동치미 야식하니
우리 집 행복은 여기뿐이다

어머니

해가 뜨는 시간에도
달이지는 어둑어둑한 밤에도
굽은 허리 펴 볼 짬도 없이
바쁜 걸음으로 쉴 틈이 없다

초승달 뜨면 큰딸 안부 챙기고
보름달 밝으면 정화수 기도하며
늦둥이 책상머리로 달리어 온다

사시사철 농사일 손수 챙기시고
뇌경색으로 누운 아버지
병수발 10년 어머니 몫이다

덕으로 마음 베풀고
손맛으로 허기 달래주며
냉수로 더위 피하고
항상 웃음으로 시간 달래는
 어머니 사랑뿐이다

아버지의 뒷모습

생활이 곤고 할지라도
사회봉사는 즐거움이란다
이렇게 살아 온 지 반백 년
막내아들 명예 찾으려고 백미 100석.
반박 못 하고 칼끝에 고개 숙인 아버지
어머니 마음도 부창부수라

나그네

조롱박이 여기저기 날아다니다가
앉은 나뭇가지 하나
잎도 지고
꽃도 지고
가지 말라서 금방이라도 부러질 것 같은데

비바람 불어도
흔들리기만 하고
부러지지 않네

북망산천 가는 언덕 아래
싱싱한 나무숲 사이에서
키 자랑이라도 하는지

당당하게 서 있는 가시 돋친 고목이
빗물 받아 목 축이며
하늘 향하고 찬양하네

철부지 기도바람

춘삼월 봄바람 동짓달보다 더 추운 날
나목으로 가득 찬 마을 공원에
낙엽은 바람에 밀려 배수로 웅덩이에
뭉치고 쌓여 서로 얼싸안고 다정도 한데
엄마 등에 얼굴 묻고 외가집 가던 날
칭얼거린 막둥이 투정을
졸수卒壽에 생각하니
철부지 불효자不孝子였다고
뒤늦은 회심悔心으로 그 길 걸으며
불효심不孝心을 천심千尋으로 기도祈禱 올립니다.

어머니 동치미

어머니의 손맛으로 담긴 동치미,
시원한 국물 한 모금에,
어머니의 사랑이 느껴져,
가슴이 따뜻해진다.

어머니가 담가 주신 동치미
울컥 그 맛을 본다
어머니 생각을 하게 되는,
그리움이 물씬 올라와
그 맛이 내 마음 달래준다.

어머니의 사랑이 담긴 동치미,
글 배우며 먹던 동치미
꿀물보다 더 맛을 주는
어머니의 사랑 나를 달래줘,
.
어머니가 담가 주신 동치미
화롯불에 구운 고구마
그리움이 물씬 올라와
입맛을 달래준다.

어머니의 손맛 동치미,
겨울이면 간절한
어머니의 사랑 갈급하여
동치미로 삭은 마음 달래준다

까마귀

"까옥 까옥-"
아침 인사 하듯 울어댄다
"아이고 또 누가 가는 가벼-
차라리 나를 데려가지--"
아직도 90세는 멀었는데요!

내 어머니
까마귀를 저승사자로 아시나 보다

적패지赤牌늘를 잃어버려
불길한 새로 부르고
유럽이나 그리스도교는
악마의 새라 하는데

창세創世 신화神話의 주역으로
 길조吉鳥라 하는
시베리아와 인디언들

삼족오三足烏라 칭하는 신비한 존재
정월보름을 "까마귀날"로 하는데
오합지졸烏合之卒 대명사는
반포지효反哺之孝의 상징을 넘나든다

고향 가는 길

귀뚜라미 멜로디 청량하고
코로나19에 지친 밤바람 싸늘해
옷깃을 여민다

맑은 밤하늘에 은하수 흐르고
수많은 별 앞다투어 반짝반짝
별똥별은 힘차게 꼬리를 남긴다

도시의 가로등 은하수 되고
경주하듯 달리는 자동차들 별이 되어
북두칠성 안내로 고향으로 모인다

추분 지난 초승달 보름달 찾아가고
허리 굽은 어머니 사랑 그립고 그리워
눈물 닦으며 달려갑니다.
어머니 조금만 기다리셔요

아들 기다리는 엄마

자식 그리워
대문 앞을 서성이다가
머-얼리
사람 모습 보이면
행여나
내 사랑하는 아들인가 하고
마음이 먼저 두근두근하다가
섭한 마음 뒤에 두고
방문을 닫곤 하신 어머니

어두운 밤길에
돌부리 넘어질세라
끄지 못하는 호롱불에
고드름이 맺혔네

추석에 올까?
설날에는 오겠지
그러기를 몇 년
영결종천永訣終天 **떠나가신 어머니**

더 오래 보고 싶었는데

봄이 오고 꽃이 피는 날
바람 불고 가랑비도 내리는 날
어머니 모습이 불현듯 다가와
그 모습 사라질까 안절부절이다

감나무에 홍시가 되는 날
앵두나무에 앵두 빨갛게 익어 갈 때
텃밭 오이가 누르스름하게 익어 갈 때
광주리에 가득 담아
대문으로 들어오시는 어머니
복실이가 꼬리치며 달려가는 그 모습
어머니의 젊은 시절 모습이

아---아쉬워라
더 오래 보고 싶었는데
어머니라고 불러 보지도 못하고
눈을 뜨니 창가에 달그림자뿐 이로다--

시선을 강남으로
-눈독 들이는 강남

철없이 놀기를 좋아했던 중학생 시절
아버지는 농사철만 지나면
동서남북 일가친척을 만나신다고
주야로 바쁜 세월 속에서
하나라도 더 챙겨 나누어 준다며
서울도 자주 가신다네-
하시는 말씀은
"서울 놈도 똥 오즘 못 가리더라."
"애 늙은이만 사나 봐요, 그것도 못 가리는 서울 양반들이"
나도 거시기 못 가리는 시늉이라도 해 볼까 늘 생각했다
어느덧
대학생 신분으로 서울 출판사에서 아르바이트 했다
친인척집 신세를 지면서 남산에 올라
사방을 둘러보니 꽉 들어선 것이 모두가 집들이다
북쪽에는 북한산이 남쪽에는 제비가 간다는 강 건너편이다
해거름 판이 되니 여기저기 가정집 굴뚝에서
시장기를 달래주는 연기가 입맛을 촉촉하게 올라온다
콩나물 버스를 타야 가는 서울 거리 차라리 걸어서 가는 길은 더 행복하다.

강남 압구정에 산다는 선배 집에 가는데 장화 없이는 힘든 길이다. 길도 어설프고 여기저기 물웅덩이가 길을 멈추며 들어선 선배 집은 이문동 인척 집과 마찬가지인데 –밥상도 다를 게 없다.
강남에 왜 이렇게 사느냐고 했더니 언젠가는 강북처럼 잘 될 거라고 하데. 60여 년이 지난 세월 꿩과 노루가 놀던 데 모산은 어르신들 맨발 걷기 코스로 변하고 우거진 풀밭에는 지하에 생활권으로 지하철과 기차가 두더지보다 빠르게 전국을 휘젓고 다니네.
외국 글자로 이름표 달린 아파트가 산을 만들어 해도 달도 그리울 때가 있으니 집 찾아오기는 공기놀이 보다 어렵다. 초근목피는 어느 나라 이야기로 둔갑하고 폭식은 옛말이며 몸 단장하느라 간편한 영양식을 선호하며 외국에 사는 자식들과 조석으로 안부 전화는 즐거움으로 하루가 시작된다.
배우지 못하고 늙어진 부모는 자식 챙기다가 강남 늙은이가 되고 말았네. 반세기가 다 된 강남의 모습은 미용 수술한 젊은 여성 같기만 하여 자식들 얼굴도 구별 못 할까 봐 이름표 달고 다닌다네.

우리 아버지 오늘쯤 서울 구경 오시면 아들 얼굴도 못 알아보고 되돌아가시겠지요~!
한글이 뒤로 물러나고 세계어로 문패 표시되어 어렵긴 하지만 살다 보면 알게 되나 봐요
이름표는 달고 다니니까 쉽게 찾으실 겁니다. 반백 년의 역사로 성장한 서울의 강남이 이제는 세계화 강남으로 세계 여기저기에서 눈독 들이는 도시가 되어 버렸다네요.

늦둥이

엄마가 텃밭으로 고추 따러 가면
늦둥이 혼자 남아 집을 보다가
참새가 불러주는 자장노래에
엄마 베개 안고 스르르 잠이 든다

막둥이는 잠을 곤히 자고 있지만
산까치 울음소리 맘이 설레어
다 못한 고추 바구니 머리에 이고
엄마는 밭둑길 달려옵니다

*「섬집아이」 한인현 작사를 개사하였음.

Late-born

When Mom goes to the garden to pick peppers,
the youngest child stays home alone,
and to the lullaby sung by the sparrows,
falls asleep, snuggling into Mom's pillow.

The youngest is sleeping soundly,
but the cry of the magpie makes my heart flutter.
Carrying a basket of unfinished chili peppers on her head,
Mom runs along the field path.

*The lyrics of 'Island Child' by Han In-hyun have been adapted.

멈출 줄 모르는 월산 수레

인생은 운명의 수레를 타고
어둠이 깔린 빛바랜 모습은 젊음을 잃어버린
지난 세월의 흔적만 보인다
황혼이 질 때 노을은 마지못해 웃음 짓는
여인처럼 수줍어 보인다
해 질 녘 서쪽 하늘은 기화요초琪花瑤草처럼 아름답다

*기화요초琪花瑤草 는 '옥같이 고운 풀에 핀 구슬같이 아름다운 꽃'을 뜻하는 한자어로, 주로 고전 문학에서 곱고 아름다운 꽃이나 풀을 비유적으로 표현할 때 사용됩니다.
중국 전설에서는 요희瑤姬라는 신화적 인물이 죽어 생긴 풀로, 모든 꽃과 풀의 신으로 여겨졌다는 설화도 전해집니다

또 하나의 그림자

매일 그러하듯
일찍 일어나면
비스듬히 누워있는 명경 앞에서 인사하듯
비치는 얼굴을 본다
푸시시 한 나의 얼굴은 젊음을 잃어버린 흔적만 가득하네

젊은 시절
찬란하게 솟아오르던 태양처럼
화려하게 도전하던 패기로
동분서주 쌓아 올린 석탑이
아름다웠다네 그려

4장
새 희망希望의 아침을

태백산 자락에서

맑은 공기로 피로는 가고 한밤중에 잠이 깨었다.
별이 떴을까 궁금하여 창문 열고 나서니
아~
캄캄한 밤 하늘엔 무수한 별들이
언제부터였을 가
시작된 기다림
기다림의 아우성

어둠이 커튼을 걷은 광활한 밤하늘엔
영롱한 빛으로 수를 놓은 별들이
여기저기서 자신을 드러내며 인사를 한다.
그래 오랜만이야! 너희들 만난 지가~
미안한 마음으로 미소 띠고
다시금 하나씩 찬찬히 쳐다보니
따스한 맘 옛정이 숨죽이며 살아 있네

제 몸 태워 아낌없이 내어주는 별빛이
하나, 둘, 셋, 넷, 다섯, 여섯, 일곱, 여덟, 아홉, 열....,
별을 세는 사이......
나는 다시금 옛적 어느 한날로 되돌아가

여전히 심장이 뜨거운 한 청년이 되고
가슴속 찌든 세속과 야망,
그 지독한 때를 벗어버리고
인제야 비인 가슴, 텅 비인 가슴에
다시금 담는 너
맑은 별빛을
눈물에 아롱지는 너,
유리알처럼 맑고도 투명한 별빛
봄, 여름, 가을 겨울 그곳에 있어
세파에 지쳐버린 내 몸과 마음
난 그저 잠시 머물다 가는 나그네일뿐인데
이 밤도 옛 친구로 가까이 다가와
조근조근 밤새워 이야기 나누고

소년 시절에 나누었던 꿈 얘기로
청년 시절에 나누었던 사랑과 자유를
중년에 나누었던 인생과 영혼
그리고 지금
말은 없어도 ...

여전히 서로를 볼 수 있음에 행복하나니
잠들지 않아도 충분한 이 밤의 안식
머물다 가면 더 좋을 늦가을 한밤

세월은 은하수 강물 따라 흘러갔어도
너는 나에게 별이었고,
나는 너에게 벗이었음을
가슴 깊은 곳에 이처럼 새겨져 있으니

밤공기 이슬 되어 대지에 내리니
초승달 서편으로 뉘었는데
하나씩 둘씩 스러지는 별 이여,
이제는 모두 안녕~!
다시 만날 그날을 기약하며 ..

빗속의 추억을

비는 추억을 안고 내린다.
기나긴 겨울 뒤에 내린 비는
논 빙판 위에 먼저 떨어졌다.

그 얼음판은 호수가 되었다.
봄비는 새색시처럼 얌전히도 내렸지만
정겨운 논 두렁길 드넓은 방죽과 천등산 까지도
온통 정겨운 초록빛으로 바꾸어 놓았다.
봄비는 비단길처럼 정겹기만 하고
추억을 안고 내린다.

과수원에 비가 내리면
아무도 찾아와 주지 않는 그곳에
원두막은 외로운 성으로
복숭아나무 잎새들 춤을 추고 있다.
저만치 바다는 수평선을 잃고 회색빛
하늘과 하나가 되었고
비는 엄마의 품처럼 나를 포근히 안고
감싸주었다.
과수원의 비는 언제나 단잠을 주며
추억을 안고 내린다.

봄이 오는 소리1

겨우내
아랫목에 깔아 둔 외할머니 솜이불
수 삼 년 소식 끊긴 시집보낸 막내 손녀
아지랑이 피어나는 뒷마당 햇빛 뜰에서
탁탁 이불 털어대는 소리

눈 쌓인 초가지붕
백설과 이별이 서러워
고드름 녹아 눈물 되어
뚝뚝 떨어지는 소리

뻐꾹새 수놈 한 마리
머리 흔들거리며 꾹꾹 거리고
뒤뚱뒤뚱 걸어가다가
꾹꾹 꾸르륵 꾹 꾸르륵 우는 소리

발자국도 사라진
산기슭 외딴 초가집
창호지 문틈으로 비집고 들어와
옛정에 빠진 마음 흔드는 소리

통도사通度寺 엿보기

부처님 가사와 진신사리를 모신
영축총림통도사靈鷲叢林通度寺
산과 계곡 사이
새벽예불禮佛 들으며
아침햇살 소나무숲을 벗어나
소나무 우듬지 위로
대웅전大雄殿에 모아진다.

투박하고 자연적인 소나무 껍질
형태가 유사하지 않은 소나무들
자연의 풍광風光을 한 몸에 받으며
사바세계의 느낌을 소나무에서
세월의 나이를 느끼게 한다.

대웅전大雄殿은, 대방광전, 금강계단,
적멸보궁과 함께 자리하고 있다.
계단에서, 창틀, 기와 장마다
아름답고 섬세하여 위용이 느껴진다.
벽화, 불단, 꽃살문, 닫집, 단청

미켈란젤로의 "천지창조"에 버금가는
화려하고 성스러운 아름다움 충분하다.
사방 벽마다 불보살들, 대들보의 용의
힘찬 움직임으로 장식한 마스터 피스다.
대웅전 지붕의 흰색 물방울 형상 연자 봉
지붕과 용마루에 연꽃 모양 그릇으로
통도사를 상징한다.
유백색으로 어깨가 풍만하고 순정적 볼륨감
둥근 곡선의 친숙함이 사랑스럽다.

불이문不二門의 천장은 코끼리와 호랑이,
사방 모서리에는 용龍이 불이문을 지키고 있다.
동물이나 식물, 물결무늬,
상서로움 상징하는 애절함을
자연과 더불어 상생相生한다.
자연 속의 동물은 신비롭고
흥미 있는 개념을 지니고 있다.

극락암極樂庵 가는 길에 해가 떠오르면

산사山寺는 붉게 물들고

여명黎明의 빛이 사찰에 빛나고

백일홍의 모습이 아름답고 멋진 풍경을 만든다.

코로나 병실

구급차에 실려 소리소리 지르며 도착한 혜민병원
코로나19 확진자만 수용 치유하는 전문병원
연녹색 가운 입은 간호사들 분주하다.
5인실에 침대 하나 차지하고
수액 주사와 복용 약으로 목숨 걸고 시간과 계주 경주한다.
사육장의 동물과 다른 것 무엇인가?
도시락 먹이통 주면
허겁지겁 먹어 치운다.
1주일 동안 같은 방법으로
치유되면 퇴원 된다.

합병증으로 다시 신음과 괴성으로 고통을 발상하는데
육상계주에서 2착 자는 영안실행이다.
정상적인 퇴원은 부러운 희망 사항이다
다시 그 자리에 새로운 확진자 콜록콜록 채워진다.
사방은 벽으로 차단되고 TV도 라디오도 없는 밀실
오로지 누구도 핸드폰 검색이 유일한 여가문화다.
최고의 장비로 치유에 최선을 다하는 혜민병원
지구의 인류를 위협하는 코로나19가 유일한 적수다.
삶과 죽음의 경계선에서 생존만을 염원하는
삶의 마지막 기대로 또 하루를 기다린다.

까치 소리

키 큰 나목들 입춘 햇빛으로 목욕하고
지난여름에 분주하게 일 마치고
누런 옷으로 갈아입고
멀리도 못 가고
어미 그늘에 차곡차곡 쌓였다.

눈비 맞으며 잘 숙성하여
새잎 피는 날
풍성한 먹이 되려고
먼 데도 못 가고 지켜온 정성

누런 잔디 사이로 열병식처럼
때 지어 솟아난 쑥부쟁이들
어머니 살아 계셨으면
쑥국도 쑥개떡도 몇 번은 먹었을 것인데

수서역 옥상 주차장
아들 손자들 허리 굽은 할머니와
이별 인사한다.
할머니 뒤를 보며 손짓하는데
아들 손자들 타고 온 차 타고 떠나간다.
까칠한 나목에 앉은 까치 소리가
유난하게 크게 들린다.

하지夏至 계절

하지 계절이 찾아왔네
낮이 가장 길고 밤이 가장 짧은 날
태양은 높이 떠오르고
세상은 밝고 활기차게 빛나네

햇볕은 따뜻하고
바람은 부드럽게 흐르며
꽃들은 활짝 피어나고
새들은 노래하며 날아다니네

하지 계절에는 모든 것이
풍성하고 아름다워지는 것 같아
즐거운 시간과 웃음이
가득한 계절이네

하지 계절은 우리에게
희망과 에너지를 주는
모든 것이 가능하고
무한한 가능성이 펼쳐지는 계절

하지 계절이 지나가면
겨울이 찾아오겠지만
그때까지 우리는
하지 계절의 아름다움을 만끽하며

즐거운 시간과 추억을 만들어가네
하지 계절은 우리의 삶에
빛과 희망을 선사해주거든

소박한 가족 사랑

비좁은 방
둥근 궤자상에
둘러 앉은 소박한 가족들

오고 가는 수저들
신호등 없어도
접촉사고 없이 한바탕 연출이다.

소박한 식탁
소우주 속 낙원은
부모님 농장으로 이어진다.

둥글게 익어가는 밥상
살 쪄 가는 일상은
소박한 가족의 사랑 마당입니다.

새 희망希望의 아침을

한해의 끝자락에서
모든 희로애락을 몽땅 보자기에 쌓아
칠흑 같은 바다에 수장하고
명상으로 참회를
인고의 시간

새 설계를 화폭에 그리고 다듬어서
행여 잊을세라
캥거루 작은 주머니에
차곡차곡 쌓아 간직하고
반짝이는 은하수 별을 세면서

새해 첫날
세상의 모든 어둠을 몽땅 태우고
황금빛 번쩍이며 솟아오르는 태양을
자유自由와 정의正義 그리고 평화平和 속에서
행복幸福이 넘치는 삶의 찬가讚歌로 맞이하리라.

허수아비 춤

서산 능선에 붉은 노을
오색 단풍인양
뽐내며 식을 줄 모른다.

가을걷이를 마친 들녘
뻔질나게 오가는 철새들
울부짖는 힘찬 소리

참새 쫓다 넘어진
누더기옷 늙은 허수아비
텅 빈 논둑 외로운 신세일세

능선 나뭇가지 사이로
붉은 노을빛에 젖은 마음
달아나는 세월에 아쉬움이 가득하다.

하나씩 가고 있다

보무도 당당했던 기철이
방에서만 놀더니
오늘 요양병원으로 갔다네

등산 갈 때 항상 앞장 나선 찬식이는
소식 없어 수소문하니
 먼저 갔다네

우리말 잘 가르쳐
좋은 나라 세우자고
일등 국민 만들자고 외친 세월
아쉽게도 남겨 두고
하나씩 가고 있다

한천 공원의 외로운 의자

30년 된 아파트
무성하게 자라준 소나무들
벗 삼아 지켜주고 있다

밀차 밀며 걷기 운동 나온 905호 할머니
만나는 사람마다 눈인사로
둘레길 지킴이다

쉼터 의자에 참새 떼 할머니들
 숨 고르기로
햇빛 맞아 힘 빠진 목소리인데

한 발이라도 걸어야 산다며
불러 세우는 905호 할머니
손짓하며 같이 가자고 재촉한다

100세 시대 노랫소리
즐겁게 따라 부르면서
손발이 제각각이라며 입만 놀자 한다.

일편단심

보름달 밤에는
숨죽이고 있다가
하현달 지나면
달처럼 빛내던 별들

항상 맑은 밤을 기다리는데
여름 하늘은
약속을 어기며
반짝반짝하는 별 되라하네

어느 날 운석으로 쫓겨나
썩은 돌이 되고
길을 잃었다

일편단심
충성으로 허기를 달랬다면
샛별처럼 역사에 남으리라

눈이 하나입니다

맑은 꾀꼬리 노래 듣고 싶어도
귀가 없어 듣지 못하고

감칠맛 나는 음식 먹고 싶어도
입이 없어 먹지 못하고

달달하게 피어나는 향기 맡고 싶어도
코가 없어서 맡지 못하고

이것마저 없었다면 어찌할까
천만다행으로 눈이 있는 쌀이라오

백미도 현미도 시기하지 말고
일편단심 충성으로 다하리

나와 약속

애채*는 파릇파릇하고
나무초리*는 검푸래 하니
밑동은 줄기마다 갈 빛으로 기운다
너는 나에게 약속을 강요한다
울울창창 빛나지 못하고
미련 없이 자리 내어줄 준비로
나무들이 광합성을 하듯
부모 나이 될 때까지는
해찰하지 않고
열심히 바르게 가노라면
짙푸른 산야를 감상 같은 순간
기대가 머릿속에서
뜻이 이루어지는 날 성공이기 전에
나 자신에게 약속한다
파릇파릇하다가
검푸레 하여
갈 빛으로 이별한다는데
이제는 약속을 지킬 날이 되었나 보다
너도 고생 많이 했네그려

*애채= 나무에 새로 돋은 가지.
*나무초리=우듬지나 나뭇가지의 가느다란 끝부분.

손잡고 가시지요

춘삼월 부는 바람 손이 주머니 찾는다
양지바른 공원 울타리 옆 나무 의자에
나이 든 어른들 모여 실눈으로 햇빛 모으고 있다
비타민 D를 만든다고--
하얀 긴 지팡이든 할아버지가 무슨 이야기 했는지
모두가 박장대소다-
머리 허연 할머니가
「앞도 못 보는 봉사가 농담도 잘하네-」
「그래요 나는 못 보는 대신 잘 듣고
기억은 잘한다오 」
그렇다
못 보는 시각장애인은 다 못 하는 줄 알면 편견이다
"설리번"은 못 보고 못 듣는 "헬렌 켈러"를
"하버드대학" 졸업하도록 도왔다는데-
순간
늦은 생각이지만 시각장애인 어르신 동행자로
나서 보자 다짐하고 그 영감님 손을 잡고
「사시는 집으로 가시지요, 그리고 저녁 식사하셔야지요」

양재천 산책길

근심 없이 자란 귀공자 같은 나무들
뒤틀리고 외틀어진 꼬질꼬질한 나무들
저마다 가득 품은 향이
미풍 등 타고 지친 삶을 위로하듯
여인의 품속 같은 두 길 세 길
오가는 사람들 숨소리 즐겁게 가득하다

강남의 역사를 간직하고 역사 따라 흐르는 양재천
개울물이 장마지면 강으로 변하여 새역사를 이루고
57만의 강남 주민의 지친 몸과 마음을 달래주며
이해와 포용으로 유유히 한강으로 흐른다

반대는 두 소리요 애국은 한 소리로

춘삼월 부는 바람 엄동설한보다 더 춥게 몰아친다
햇빛은 따뜻하여 헐벗은 가지마다 새잎 움트고
하얀 목련은 검은 가지에 매달린 소복 여인으로
화사한 봄날 아련한 옛 생각에 눈물 고인다

일터에서 쓰러진 아버지 두문불출로
집안 사정은 움울하고 침통인데
아궁이 불씨 기어 나와 바람 타고 번지더니
울타리 하나씩 태우고 거센 바람은 불신으로
이산 저산 불더미로 백 년 뿌리 불사르고
바람 방향 요동으로 들꽃 같은 선한 백성
화재 난민 신세 되니 통곡 소리 길을 잃는다

거리마다 엇갈린 애절한 외침은 메아리로
오대양 육대주 파도 되어 두 쪽 인심
하늘도 두 쪽 바람도 두 쪽으로
나라 유물도 부처님 안방도 한 줌의 재일뿐
유구한 민족의 영혼마저 길을 잃어간다

예수님은 길이요 진리이며 생명이라 했거늘
우둔한 우리 민족 선명한 판단으로 두 손 합장하고
외치는 두 소리지만 나라 사랑은 한 소리이거늘
한목소리로 애국 애족의 힘찬 외침의 길로 인도하여
주시길 간구干求 하나이다.

산정무한 山情無限

고단한 몸을 뒤에 두고
수려한 영봉을 보려고
수줍은 마음으로
대장부의 기세로
근심 없이 자란
쭉쭉 뻗은 소나무와 전나무들
귀공자 기품일세

구름안개 개이고
원근 산악이 열병식 하듯
만산의 산색은 붉은 단풍
청靑이 있고 녹綠이 있으며 황黃이 있으니
무지개와 같으니라

산의 용모는
깎은 듯이 준초峻峭하고
그린 듯이 온후溫厚하며
막 잡아 빚은 듯이 험상險狀하고
틀에 박은 듯이 단정端正하다

마의태자麻衣太子 명경대 마주하고
나무아미타불 염송念誦은

운상기품으로 불법佛法의 연이로다
염마閻魔처럼 막아서는 석가봉
맹호 같은 천진봉

몸에 감길 듯 황천강
이 산에 흩어진 전설
저 봉에 얽힌 유래담
이 몸 유수한 수목 속을 거닌다.

마의麻衣 입은 태자太子
낙랑공주樂浪公主의 섬섬옥수纖纖玉手 뿌리치고
입산하여 고행으로 창맹蒼氓에게
베푼 지혜는 유구한 영겁永劫으로
질책도 상석象石도 없이
애화哀話에 맺혀있는 용마석龍馬石 비문이
암연黯然히 수수愁愁롭다.

*정비석 수필「산정무한」을 읽고 줄여서 시적으로 썼다(.20.01.24.)
*염마閻魔=염마대왕
*창맹蒼氓=세상의 모든 사람
*영겁永劫=영원한 세월
*용마석龍馬石=강원도 금강산 비로봉 위에 있는 바위 이름, 신라의 마지막 왕자마의태자의 말이 변한 것이라고 전하여진다.
*암연黯然=슬프고 침울함
*수수愁愁=마음이 서글프고 산란한 데가 있다.

정동진 우정

정동진의 새벽 바다가 깨어나는 곳
바다 저편에 삼킨 태양이 빛나는 시간
친구의 손을 마주 잡고
우정의 실타래를 풀어간다

파도 소리가 우정을 시샘하듯
높은 파도와 바람은 바다를 달래며
옷깃을 날린다

꿈과 희망을 가득 담은 붉은 태양
우정을 젊은 피로 덮어주며
백사장에 추억의 징표로
두 발자국에 우정을 가득가득 채워 남긴다

5장
향수

아침 쌍화차

다니엘이 사자 굴에서 살아 나오듯
꼬리를 물고 벽에 박혀 있는 벽돌들
연병장에 잘 정돈된 군인들 같고
하나하나 색상은 어린이날 운동회 모습으로
대형 스탠딩 에어컨, 소형 공기 정화기는
70년대 군수님 사무실 모습일세
2인용 티 테이블 정렬은 잘 익은 옥수수 알 같고
윙윙 나르는 파리는 멀리 해외투어 중인가 보다
귓속을 파고드는 음악 소리는 석양의 낙조 같으며
테이블 위 홀로 찻잔 외로움 넘치고
천정의 호롱불은 이별 곡을 기다리는 사나이 눈빛으로
음률 타고 다가오는 꼬부랑 가사는 핏기 가득하다
아서라 그대로 두어라
오늘도 그리움 주머니는 쌍화차가 대신하노라

UPF 평화平和 대사관大使館

응봉산鷹峰山 우뚝 서 있고
한강 물 굽이쳐 돌아가며
사방四方의 숨소리 한눈에 다 보이는 곳

신통일한국시대神統一韓國時代를
싹 트이고 힘 길러
세계만방世界萬邦에 외치는 마당

사상思想과 권력權力을 뒤로하고
손에 손을 마주 잡고
애천愛天 애인愛人 애국愛國을

창조주創造主 하늘 부모님을 닮은
참사랑을 실천하는 너와 나
천일국天一國의 참주인이 되자고 기원祈願합니다.

인천공항 대기실

인천공항 대기실, 그곳에서는
여행을 기다리는 이들의 설렘이 가득합니다.
새로운 모험을 꿈꾸며, 기대감에 가득 찬 눈빛들.
그리고 세계 각지로 향하는 여행자들이 모입니다.

공항의 소음은 마치 세상 곳곳의 소리처럼
다양한 언어와 문화가 어우러져 들립니다.
여행자들은 각자의 이야기를 품고,
새로운 만남과 경험을 기대하며 기다립니다.

비행기를 기다리는 동안,
사람들은 책을 읽거나 음악을 들으며
마음을 가라앉히고, 여행을 준비하는 시간을 갖습니다.
그렇게 인천공항 대기실은 여행의 시작점이 되어줍니다.

인천공항 대기실,
여행을 기다리는 이들의 설렘이 가득합니다.
새로운 모험을 꿈꾸며, 기대감에 가득 찬 눈빛들.
 세계 각지로 향하는 여행자들의 꿈방입니다.

여행을 떠나는 이들에게 행운이 함께하길,
그리고 인천공항 대기실에서의 시간이
여행의 시작이 되길 바랍니다.

옛 만주국 국무원 터에서

백석이 빙그레 웃고 있었다
백석이 근무했던 그곳
옛 만주국 국무원 정문 앞에서
지금은 길림대학의 노먼베순 의과대학으로 바뀌어
졸업생들이 졸업사진을 찍고 있는 백구은白求恩 병원 앞
한국에서 처음으로 열여섯 시인이 찾아와
박순영 시인이 〈허준〉을 낭독하는 것을 보고 들으며
백석이 안타까운 눈인사를 하고 있었다
정문 앞 대로변에 잠깐 세운 버스를 빼라는
교통경찰의 경고에 화들짝 놀라 주섬주섬 떠나는
시인들의 뒷모습을 하나씩 눈에 넣으며
다음에 또 오라며 두 손을 흔들고 있었다
시인들의 가슴에 눈물이 촉촉이 고였다.
잘 계시라는 눈인사로 떠나고 만다.

사상누각砂上樓閣
-국제적인 꿈의 거리

맘모니즘으로 가득 찬
모더니즘의 테헤란로
계절 모르는 모더니스트들의 반짝이는 눈빛
교향곡 보청기로 진동한다

선남선녀 맘모스들
비 젖은 새벽길
산야에서 돌을 주워 모아
행복의 바벨탑을 콧노래 부르며 쌓는다

래드 카펫 밟으며
샴페인 잔으로 축가를 기대하는
가면무도회 공연장
리얼리스트들 함성으로

캘린더 가볍게 넘기기 전에
축성 못한 바벨탑은 무너지고
큰 돌 작은 돌 부딪혀 모래성 만들어
삭풍에 비련의 그림자만 남는다

*맘모니즘=배금주의
*모더니스트=현대적인 감각이나 가치를 쫓는 사람
*맘모스=매머드=mammoth=거대한, 엄청난
*바벨 탑= 실현 가능성이 없는 계획을 비유적으로 이르는 말
*리얼리스트=realist= 실존주의자(20.5.10)

몽돌이라고 말하리라

1938년 4월 15일 일제강점기에 겨자씨 하나로
늦둥이 애지중지 소년 되어
산과 들 그리고 강물에서
흙냄새 몸에 밴 논두렁 밭두렁 소년 되었다

가방끈 늘리려고 동분서주 주야장천
외롭고 지친 몸 신발 속에 간직하고
끝내는 부모님 사랑으로 석사모碩士帽 챙기며
끝이 없는 모진 돌 정 맞으며
사나운 밀물과 썰물에 연마되었다

우리나라 학교 수학교육의 신개념 「집합론」 제정은
4차 산업의 IT 문화에 마중물로 싹이 트고
초근목피로 닦아 온 세월
노력의 풍요는 반세기 후에 일등국이 되었다

인후 보증에 발목 잡혀 무소유 나신裸身으로
황금 세월 버림받고 거미줄에 거미 되어
오로지 명예 회복으로 도전하여
재물보다 귀한 몽돌이 문학 작가로 등단登壇하였다

회상回想

어느덧 졸수卒壽에 숨 고르기 한다
환상과 거품을 청산하고
엽낙葉落과 채로茱露가 알몸으로
석과불식碩果不食의 고비를 잡고
한때는 눈부신 꽃물이
용천龍天의 기세로 내일을 뒤로하고
평야를 달려온 눈먼 기사騎士가
이제는 외로운 들국화로 독야청청獨也靑靑하니
남은 길섶에 분본糞本이로다

절규絶叫

까마귀 소리 요란하다
찢어진 창호지 틈으로
119 긴급한 소리 들려온다.
209호 할머니가
영안실로 갔단다
입주 30년으로
살기 좋은 실버타운이라며
밀차로 아침마다 걷기 운동했는데

나이테 속에 쌓인 기억들
하나씩 그림자 지워지고
거친 풍랑처럼 밀려오는
어제와 오늘 그리고 내일
막을 수도 버릴 수도 없는
실 같은 연정 하나
손 발이 저려 오는 것을 어쩌지 못하고
손 전화통에 한마디

꼭 건강하셔야 해요

악몽惡夢 아직도

인천상륙작전으로 패잔병敗殘兵들
철수 못 하고 30리 밖 운장산 줄기 깊은 계곡에서
낮에는 개잠 자고

어둠이 밀려오는 시간 식량 약탈掠奪로
불협화음 풍악風樂을 울리고
벌 때처럼 웅 웅 대고 쳐들어온다.

집집마다 대문 걷어차고
고래고래 소리소리 지르며
겁주고 들어선다.

아버지 어머니 그리고 어린 자식들
벽에 등대고 코 박고 죽은 듯
고양이 앞 쥐 눈으로

늙은 아버지 말을 더듬거리고 벌벌 떨며
겁에 질린 아이 꼴로
목숨을 구걸求乞한다.

마귀魔鬼 머리 여자 고추장, 된장 챙기고
괴물스런 대창 든 사내 아버지 잠바와 모자 챙기고
어머니 버선도 집어넣는다.

사랑방 젊은 남편 쌀자루 짐꾼으로
그의 아내는 옷 보따리 머리에 이고
외양간 황소고삐 손에 쥐고 끌려간다.

잔인殘忍 무도無道한 30여 분分의 무대는
소름과 절망絶望을 남기고
악몽惡夢의 잔상으로 막을 내린다.

햇살이 엷어진 눈 내린 아침
소름과 공포恐怖 가득한 마을
서로의 안부를 알아본다.

개울 건너 영식이 아범
반항反抗하다가 대창에 찔려
이불 홑창으로 꽁꽁 묶어 피를 멈추고

아랫마을 안성댁 며느리
임신姙娠한 배를 잔당 발에 채여 실신失身하고
시어머니 대성통곡大聲痛哭한다.

해가 중천中天에 오면
고개 넘어 읍내에서 전투경찰 10여 명이
구식 장총長銃 메고 어정어정 몰려온다.

아무 일 없느냐고 한마디하고는
획-
겁에 질린 듯 쏜살같이 되돌아간다.

그러기를 15일간.

낮과 밤 약탈掠奪과 공포恐怖 그리고 평화平和는
UN군의 공비토벌작전共匪討伐作戰으로
악랄惡辣한 잔당들은 전멸全滅로 막을 내린다.

15일간의 울분鬱憤과 불행不幸의 상처
환갑還甲 진갑進甲이 지난 오늘도
통탄痛嘆의 여운餘韻은
여물지 못한 가슴에 파고든다.

백자 항아리

말없이 나선 길이 마지막 인사였나
여가문화 즐기려고 서둘러 가는 길

철없이 사랑 타령하던 철부지
손에 물 닿으면 망가진다 하여
공주처럼 사랑받고 자란 시골 아가씨
보고 듣고 마음 부푼 속에 새싹을 키워
부모님 근심 걱정은 유행가로 들리고
선남선녀들의 사랑 노래는 달빛 소나타로다

부푼 마음 달랠 길 모르고 고깃배 타고 나선 길
금빛 찬란한 대어를 따라가는 길은
초근목피로 일상을 하면서도
신의 가호로 이란성 두 아들 점지하시니
만사가 천하 만석꾼이 되었다

물배 채워가며 비지땀으로 더위 피하고
동지섣달 설빙 인심은 원망뿐이지만
유일무이한 박사 명패 손에 쥐고 높은 산 위에서
호소 같은 괴성은 황금빛 찬란하여라

세속적인 부는 챙기지 못했어도
진리와 정직만을 앞세워 생활신조로
살아가도록 닦고 조이며 심었든 말들이
비말飛沫처럼 날개 달고 사라젖으나
후회 없는 어미 마음은 복되도다

"푸른 솔" 무인無人 아파트에 백자 항아리
홀로 안거하게 했으니
이웃에 숨소리 가득하여도 외로워 보이네
하나님 계신 극락원極樂苑에서 무병 평온하소서
어버이날이라 카네이션 문 앞에 꽂아드렸소이다.

시큼한 킷츠

아파트 키 따라오다가 멈춰선 담장
봄날에는 까칠하고 여름날은 숨 막히며
가을엔 쓸쓸하고 겨울엔 유난하게 추워 보인다

입주한 정원사 할아버지
아침저녁 드나들며
고개 갸우뚱 발 멈추는 날

담장 밑에 정성으로 심어 놓은 담쟁이
아침저녁 눈인사로
조금씩 타고 오르더니

한 해 두 해 장년 되는 날
담쟁이 잎 아침 이슬
햇빛에 은빛 윤슬 되어 춤춘다

아파트 담벽에 생화 작가는
허리 굽은 입주자 할아버지 작품으로
날이 갈수록 한 폭의 시큼한 킷츠로다

향수鄉愁

두 다리는 비록 연약하지만 짧은 산맥으로 삼고
강물 따라 바람에 밀려 전국 구석구석을 맴돌며
금 간 상술 모자를 머리 위에 고깔처럼 쓰고
흰 구름 엷은 사이로 푸른 별을 벗 삼아
기약 없이 오늘도 내일도 그리고 모래도 간다

먹잇감이 가난한 백로는 사선을 넘나들며
이산가족의 소식을 물어 나른다는데
차곡차곡 쌓이는 고향 소식은 줄어들지 않고
까마귀 맑은소리 산을 넘어 들려온다.

100년 도 안 된 짧은 연차에 수많은 젊은 피는
좁은 땅 구석구석에 이름 석 자 푯말 세우고
굴렁쇠 구르듯 몇 바퀴를 구르고 또 굴렀나
잉크가 바르기도 전에 임금님명패 갈아 세운다

흰 토끼 눈동자 같은 붉은 석류알을 쪼개어 먹던
고향 집 담벽은 부로도자 힘자랑으로 사라지고
쪼글쪼글 어머니 손에 쪼가리 감자 한 줌
밭고랑 오가며 완숙한 농부 손맛은 반백 년 지난 이야기다

홍시 밥상

첫눈 내리는 날
담 넘어 감나무에
통통하게 살찐 홍시가 주렁주렁

까치 두 마리가 찾아와
정신없이 허기 달랜다
꼭지만 남기고

엄마가 차려준
동치미 밥맛 같은
홍시는 웃으며 먹이 된다

A dish of ripe persimmons

On the day of the first snow,
plump red persimmons hang in clusters
on the persimmon tree over the fence.

Two magpies came by
Frantically easing their hunger
Leaving only the tip behind

The red persimmon,
like the dongchimi stew prepared by mom,
becomes food to be eaten with a smile.

사라진 낙엽 발자국

힘없이 누워있는 낙엽 밟으며
조심조심 공원 산책하는 길
갑작스레 낙엽 쓸어내는 기계 소리
공원 산책길 낙엽 치워지고 있네

눈 코 입 가리고 수고하는 관리인 덕분에
물기 있는 낙엽 치워지니
고맙고 감사하였더니
걸어온 발자국 흔적 없이 지워져
허전한 공원길 되었네

A missing leaf footprint

Stepping on the fallen leaves lying limply,
I cautiously walk along the park path. Suddenly,
the sound of a leaf sweeper is heard.
The leaves are being swept away along the park path.

Thanks to the caretaker
who works hard with their eyes, nose, and mouth covered,
the wet fallen leaves have been cleared.
 I felt grateful and thankful,
but the footprints of those who walked were erased,
leaving the park path feeling empty.

가슴에 별 하나

밤마다 천 개의 별이 가슴에 다가와
가까이 밀착하여 오래 나를 지켜주고
사슴 하나 다가와 물만 먹고 간다

뒤척이는 달빛 설렘 잠들 때
아무도 다가올 수 없는 황홀한 별들
하늘이 무너져도 오직 사그라지지 않는 별 하나

달과 별들 많은 사연을 숨기고
시샘으로 먹구름 장막이 하늘을 가리어
강에 빠진 별 하나 내 손으로 건져낸다

A star on the chest

Every night, a thousand stars come close to my heart,
pressing near and watching over me for a long time,
Then a single deer comes, drinks water, and leaves.

Tossing moonlight, fluttering excitement as I fall asleep
Thrilling stars that no one can approach
Even if the sky collapses, there is only one star that never fades

The moon and stars hide many stories
Jealousy covers the sky with a curtain of dark clouds
I rescue a star that fell into the river with my own hands

반세기만의 가슴 아픈 영광

네 눈물로 대지를 적셔라
원주민의 역사를 왜곡하지 마라
기록은 사라졌어도 그의 가훈家訓은 영원하다
반세기 동안 아픈 세월 사록寫錄으로 남아 있으니
복원하는 날에 기쁨이 광대하리라
"구세주 예수 /구세주 예수 "
전쟁의 서막이 대지에 종을 울린다

부에 대한 적개심으로
쌓아 올린 돌담
타고 온 말발굽에 무너지고
군주처럼 엎드려 맹종한 식솔들
하나둘 떠나고
늑대 소굴로 변한 왕좌
폐장의 시체는 애마에 끌려 사라진다

시각장애 소녀

눈이 안 보여 슬픈 소녀라
언제나 젊잖은 편 말이 없구나
인상은 고풍스러워
안방마님 여식이었나 보다
기억력이 출중하여
듣고 배운 것을
다 기억하니
보지도 못해도
영리한 소녀는
현실을 또 하나의 우주로
행복을 만들어 간다.

독감 오는 날

손들 바람*이 아기걸음으로 다가온다
아빠 소매 속으로 파고든다
오늘은 엄마 머리채를 흔든다
그러더니
아빠는
누렇게 변한 은행잎처럼 쓰러져 눕고 만다

엄마는 백가면으로 창을 든다
엄마 손맛은 동장군도 무릎을 쳤다
살포시 초승달처럼 내민 해님은
목화송이 구름 이불로 자장가 부른다
유리창 성애는 불그레 거울로 반긴다.

*손돌 바람은 소설(小雪, 음력 10월 20일경) 무렵에 부는 강한 바람과 추위를 의미하며, 이 시기에는 실제로 강하고 매서운 바람이 자주 분다고 알려져 있습니다.

춘삼월 보름달

달아 달아 밝은 달아 춘삼월에 보름달아
범을 안은 보름달아 춘삼월에 보름달아
일본 순사 허리띠를 금줄로 걸었고
울지도 못하고 눈만 껌벅껌벅하더니
성실하게 성장하여 늙은 부모 손발이 되었구나
약관에 나라 지킴이로 이립에는 후진 교육에
종심소욕불유구*의 마음으로 정진하고
고희에 손발을 접어두고 노학산방에서
무의도無意圖의 문학적 독학으로
망구 고개 넘어 졸수봉卒壽峯에 가까우니
육신 보존에 만사가 태평이로다

호랑이해를 안고 눈을 떴으니
휘어짐은 창 같고 날카로움은 칼 같으며
예리함은 검 같고 갈라짐은 극戟 같고
굳음은 화살 같으니 팽팽함은 활시위 같도다
호랑이가 꾸짖기를 천하가 태평하니
원한과 은혜를 모두 잊고 천명으로 맞이하리다

*'종심소욕불유구從心所欲不踰矩'는 공자가 70세(종심)에 이르러, 마음 내키는 대로 행해도 도리나 법도에 어긋나지 않는 경지에 도달했다는 의미로, 『논어』에 등장하는 대표적 한자 성어입니다.

HAPI 레스토랑

창문에 비친 아침햇살은 언제나 따뜻해요
주방에는 정 많은 일등 조리원들의 손놀림이
어머니 밥상 같은 영양 많은 먹거리로
강남 실버 건강식을 알뜰하게 준비하네요

강남의 명소로 입소문 파도가 구석구석 넘쳐흘러
20층 회장 사모님 청소원 할배 손잡고 시간 맞추네
식권 4백 장 매진 표시판 글씨가 발길을 멈추고
식판에 밥주발 국그릇 그리고 반찬들 따로따로 가득하다

임금님 수라상보다 아름다운 식판 상
두 손으로 받쳐 든 얼굴에 화색이 또 한 상
넉넉한 인심에 아리랑 스리랑 두둥실 아리랑
너도나도 삼천리 금수강산이로다

너도 그럴 때가

유튜브에 나타나서
소변 자주 보고
소변 잘 안 나오고
소변 참기 어렵다면
부담 없는 수증기 치료라며
그림이 들락날락
눈동자 운동시키네
늙으면 너도나도
한배 타고 웃음 참아가며
시치미 뚝 떼 가방에 넣어 메고
"너도 그럴 때가 올 거야"
말하고 싶다

보기도 싫다

핸드폰 유튜브
얼굴들 천태만상이다
머리 좋아서 판사 된 얼굴
뚜껑 열린 상자 속 얼굴
일제 강점기 왜병 대장 딸이라고
고등학교가 출세 간판이 아니라며
검정고시 앞세우고 있다
하나님 등에 업고 하는 말은
내 말이 아니라며 따르고 믿으라 한다
국군 통수권자도 90도 인사하는데
너는 눈인사도 못 하나
잘도 바뀌는 화면이 혈압 올린다.

가까이하면서도 멀리 두고 싶다

비록 멀리 떨어져 있어도 악령의 그림자처럼
곁에 있는 듯 느껴진다
노년의 "품위 있는 죽음"을 향해
서서히 삶의 끈을 정리한다
상수리가 툭 하고 떨어지니
두 바퀴 세상을 바꾸는 퀴즈 굴러가서 멈춘다
통통하게 살찐 은행알이 상수리 따라 퍽 하고
떨어진다
옆구리가 터지더니 창자가 나와 흐른다.
서러워서 우는지 고약한 냄새가 진동한다
숫나무는 멍청이 말이 없고
암나무는 모두 떠나보내고 앙상한 모습으로
시원섭섭하다며
눈비로 목욕하며 숫나무 찾아 떨고 있다

봄이 오는 소리

샛강의 얼음을 살살 녹이는 바람이 분다
햇볕도 포근하다
들녘이 떠들썩하다
씨앗들이 기지개 켜는 소리
타 타닥, 타 다닥 탁
툭 투둑, 투드둑 툭툭
벌레들도
꿈틀꿈틀
보건체조 시작한다
참새들 시끌벅적
겨우내 굶주린 배 채우려고
짹짹짹
하얀 억새도 껑충껑충 춤춘다
샛강 둑 소나무가 피톤치드로
온몸을 감싸고
솔 내음이 걸음을 느리게 한다